El Águila

Símbolo de excelencia

Kittim Silva

EDITORIAL PORTAVOZ

El águila: Símbolo de excelencia. © 1999 por Kittim Silva
y publicado con permiso por Editorial Portavoz, Grand
Rapids, Michigan 49501. Todos los derechos reservados.

Portada: Frank Gutbrod
Compaginación: Nicholas G. Richardson

EDITORIAL PORTAVOZ
P.O. Box 2607
Grand Rapids, Michigan 49501 USA

Visítenos en: www.portavoz.com

ISBN 0-8254-1684-1

      2 3 4 5 edición/año 03 02 01 00

Printed in the United States of America

Dedico esta obra a una pareja de águilas: al Reverendo Emilio A. Martínez (Mr. *Teen Challenge*) y a la Reverenda Ana Martínez (Mrs. *Teen Challenge*), quienes me invitaron a participar en la Convención del Águila de su organización.

Muchas gracias a los dos.

ÍNDICE

PRÓLOGO

No puedo negar que por mucho tiempo me había interesado la imagen del águila. Sabía que era el ave nacional de los Estados Unidos de América *(águila calva)* y de los Estados Unidos Mexicanos (águila dorada). En repetidas ocasiones visité oficinas de ministros, donde vi cuadros y estatuas del águila. Esporádicamente escuché sermones sobre el águila, algunos un poco deficientes en su presentación científica y otros muy exagerados en su aplicación espiritual. Yo mismo había empleado al águila como ilustración en varios sermones.

Cuando mis amigos, los reverendos Emilio A. y Ana Martínez, me invitaron para que les hablara sobre este tema no me imaginaba el efecto personal que ese hecho iba a tener sobre mi vida y ministerio.

Sin demora comencé a investigar la fuente bíblica y fuentes seculares para desarrollar mi ponencia. El resultado fue maravilloso, a medida que fui analizando la vida, el desarrollo y la anatomía del águila, mi corazón se fue llenado con las verdades que el Espíritu Santo iba derramando en él.

Por un tiempo continué estudiando más sobre el águila y repitiendo ante diferentes congregaciones esos sermones a partir de los bosquejos que había preparado. Por fin me di a la tarea de escribir los siete sermones acerca del águila y los prediqué tal y como están aquí, desde el púlpito de la Iglesia Pentecostal de Jesucristo de Queens, a la congregación que, junto a mi esposa la Reverenda Rosa M. Silva, pastoreamos. Estos sermones produjeron una dinámica de motivaciones. Espero que también sean de bendición al lector de este libro.

INTRODUCCIÓN

Por muchos siglos se ha considerado a las águilas como símbolos y emblemas de poder, valor, nobleza y excelencia. Las casi 50 especies diferentes pertenecen a la familia del halcón, conocida como *accipitridas* o *falconiformes*. Se encuentran en casi todo el mundo, menos en la Antártida y Nueva Zelanda. Se encuentran en peligro de extinción. Los pesticidas que han afectado el medio ambiente, y que de alguna manera afectan a esta especie, hacen que el cascarón de sus huevos se ablande y que por ello pierdan sus aguiluchos.

Una especie que corre mucho peligro de extinción es la del *águila calva* (en inglés *bald eagle*), cuyo nombre no tiene nada que ver con falta de plumaje, sino más bien con el color blanco de la cabeza cuando el águila es adulta. Tiene el cuerpo marrón y la cabeza y la cola blancas. Su nombre científico es *Haliaeetu leucocephalfus*. Esta *águila calva* se alimenta principalmente de pescado. Cuando las corrientes de agua acarrean pesticidas hacia las áreas de concentración de peces, las águilas que los comen ponen huevos blandos que se rompen con cualquier movimiento. La ley de protección ambiental aprobada en el año 1972 ha ayudado al aumento, aunque lento, de las aves de rapiña, entre las que se encuentran las águilas.

En el año 1782 el Congreso de los Estados Unidos de América aprobó una resolución para convertir el *águila calva,* en el emblema del escudo oficial de esa gran nación.

Otra de las especies de águilas encontradas en los Estados Unidos de América es el *águila dorada*. Su nombre científico es *Aquila chrsaetos*. Su color es marrón y tiene pintas doradas en la cabeza y en la parte posterior del cuello. De ahí su nombre de *águila dorada*.

Cuando la Biblia menciona al águila se refiere al *águila dorada*. Se considera el águila más veloz de todas, ya que puede alcanzar velocidades que sobrepasan los 225 kilómetros por hora. Las águilas cazan sólo cuando tienen hambre. No matan animales por placer. Viven siempre cerca de lagos o lugares donde haya ríos o corrientes de aguas, ya que por lo general se alimentan de peces. El salmón es el pez favorito del *águila blanca*. Rara vez las águilas emigran del norte al sur, a no ser que la caza escasee. En Alaska, Canadá y los Estados Unidos de América abundan las *águilas blancas*.

El escudo de México presenta a un águila con un cactus debajo de sus patas y con sus garras y talones apretando a una serpiente. El *águila dorada* es su ave nacional.

En la Biblia con mucha frecuencia Dios emplea la figura del águila para referirse a sí mismo como el que cuida, provee y protege a su pueblo:

«Como el águila que excita su nidada, revolotea sobre sus pollos, extiende sus alas, los toma, los lleva sobre sus plumas, Jehová solo le guió, y con él no hubo dios extraño» Deuteronomio 32:11–12).

«Vosotros visteis lo que hice a los egipcios, y cómo os tomé sobre alas de águilas, y os he traído a mí» (Éxodo 19:4).

«Con sus plumas te cubrirá, y de bajo de sus alas estarás seguro; escudo y adarga es su verdad» (Salmo 91:4).

«Ten misericordia de mí, oh Dios, ten misericordia de mí; porque en ti ha confiado mi alma, y en la sombra de tus alas me ampararé hasta que pasen los quebrantos». (Salmo 57:1).

«Guárdame como la niña de tus ojos; escóndeme bajo la sombra de tus alas» (Salmo 17:8).

«¡Cuán preciosa, oh Dios, es tu misericordia! por eso los hijos de los hombres se amparan bajo la sombra de tus alas» (Salmo 36:7).

El profeta Ezequiel tuvo una visión en la que vio cuatro seres vivientes, teniendo cada uno cuatro caras y eran caras de hombre, de león, de buey y de águila (Ezequiel 1:4–10). En Ezequiel 10 se les da el rango angelical de querubines. Las diferentes caras que cada uno tiene, representan el gobierno total de Dios sobre toda su creación viva.

El apóstol Juan del Apocalipsis tuvo una visión en la que vio también a estos cuatro seres vivientes, con la diferencia de que en vez de ver a cada uno con cuatro caras, vio a cada uno con una sola cara.

«[. . .] y alrededor del trono, cuatro seres vivientes llenos de ojos delante y detrás. El primer ser viviente era semejante a un león; el segundo era semejante a un becerro; el tercero tenía rostro como de un hombre; y el cuarto era semejante a un águila volando» (Apocalipsis 4:7).

Una visión bíblica no significa que las cosas son tal y como se presentan. Pero el significado siempre es el mismo. En este caso los seres vivientes apocalípticos son querubines o los mismos seres vivientes de Ezequiel.

Desde luego se añaden dos detalles a la visión. Uno es que en vez de un buey (indica edad avanzada) como lo vio Ezequiel; Juan ve la cara de un becerro (edad joven). Y al rostro de águila de Ezequiel, Juan le añade la palabra "volando" (con lo que crea la impresión de acción). Esto habla de renovación y de acción espiritual. Por el contexto de Apocalipsis 4:8–9, entendemos que la alabanza y la adoración a Dios demandan renovación y acción continuas.

La aplicación general de todo lo anterior es que el águila aparece delante de la presencia misma de Dios como símbolo de los creyentes que están delante de Dios mediante la alabanza y la adoración.

En Apocalipsis 8:13 se nos presenta a un águila solitaria volando en el cielo y que anuncia la introducción de los tres toques de trompeta como tres ayes. «¡Y miré, y oí a un ángel [en griego aetos o *águila*] volar en medio del cielo, diciendo a gran voz: Ay, ay, ay, de los que moran en la tierra, a causa de los otros toques de trompeta que están para sonar los tres ángeles!»

El águila es un ave solitaria, no va en bandadas. Se mueve sola o con su pareja; a no ser en casos especiales cuando abunda la caza lo que requiere que se una a otras con ese propósito. Los creyentes-águilas viven vidas solitarias. Se apartan de muchas personas y se dedican por completo al servicio de Dios. Y solos proclaman el glorioso evangelio de nuestro Señor Jesucristo. Su mensaje muchas veces va acompañado de gemidos de *ayes,* porque saben lo que vendrá sobre aquellos que no quieran creer.

En Apocalipsis 12:14 se nos presenta la protección del remanente fiel de Israel, quienes creemos que serán los ciento cuarenta y cuatro mil sellados (Apocalipsis 7:4 y 14:1–5), que al ser perseguidos por la serpiente o el *anticristo,* buscarán refugio en el desierto de Judea. En forma simbólica se presenta su huída o escapada con las alas de águila que Dios les da.

«Y se le dieron a la mujer las dos alas de la gran águila, para que volase de delante de la serpiente al desierto, a su lugar, donde es sustentada por un tiempo, y tiempos, y la mitad de un tiempo». Entendemos que «gran águila» es una alusión a Dios, la *Gran Aguila* del pueblo judío. Esto se confirma ampliamente en el AT donde se hace mucha referencia a las alas de águila de Dios. «Vosotros visteis lo que hice a los egipcios, y cómo os tomé sobre alas de águilas, y os he traído a mí» Exodo 19:4).

Y quien mejor que nuestro mismo Señor Jesucristo para pensar en El como el *Aguila Mayor*. En el madero del Calvario, abrió sus alas para darnos a todos los que creamos la salvación e incluyó todos los beneficios de la redención. Como el *Aguila Mayor* se levantó en presencia de sus discípulos desde el monte de los Olivos y allí habrá de regresar. «Y habiendo dicho estas cosas, viéndolo ellos, fue alzado, y le recibió una nube que le ocultó de sus ojos. Y estando ellos con los ojos puestos en el cielo, entre tanto que él se iba, he aquí se pusieron junto a ellos dos varones con vestiduras blancas, los cuales también les dijeron: Varones galileos, ¿por qué estáis mirando al cielo? Este mismo Jesús, que ha sido tomado de vosotros al cielo, así vendrá como le habéis visto ir la cielo» (Hechos 1:9–11).

1

EL NIDO DEL ÁGUILA

«¿Se remonta el águila por tu mandamiento, y pone en alto su nido? Ella habita y mora en la peña, en la cumbre del peñasco y de la roca» (Job 39:27–28).

El águila fabrica su nido en la copa de árboles de gran tamaño, o en rocas de difícil acceso. El nido del *águila calva* y del *águila dorada* puede medir más de tres metros de profundidad y cerca de unos dos metros de ancho. El nido más grande que se conoce alcanzó los 6 metros de profundidad y un poco más de 3 de ancho. El *águila dorada* puede ocupar nidos que hayan construído otras águilas mucho tiempo antes pero continúa haciéndolos. Este nido lo comparte con su pareja, con la cual se aparea o une de por vida. En ese nido la pareja provee cuidado, protección y alimentación a los aguiluchos, hasta que éstos alcanzan su autonomía, lo cual implica que tienen que mudarse a otro lugar y construir su propio nido.

I. El águila hace su nido alto

El águila pertenece a las alturas. Le gusta volar alto y le gusta vivir alto. Las alturas son su delicia, por eso construye su nido en lugares seguros y altos. Además, por ser un ave de gran tamaño, al salir de un nido alto puede tomar altura en su vuelo.

El creyente águila no busca refugiarse en las cosas bajas del mundo, sino que se refugia en la peña, que es Cristo. Vive escondido en Jesucristo y refugiado en los lugares celestiales. Se ha alejado de las ofertas bajas del mundo, y ha construido su nido en las promesas divinas.

Dice el apóstol Pablo bajo inspiración del Espíritu Santo: «Si, pues, habéis resucitado con Cristo, buscad las cosas de arriba, donde está Cristo sentado a la diestra de Dios. Poned la mira en las cosas de arriba, no en las de la tierra. Porque habéis muerto, y vuestra vida está escondida con Cristo en Dios. Cuando Cristo, vuestra vida, se manifieste, entonces vosotros también seréis manifestados con él en gloria» (Colosenses 3:1-4). La vida espiritual tiene que profundizarse en Dios, tiene que elevarse buscando siempre lo de arriba, no lo de abajo, y elevándose hacia Dios.

II. El águila hace su nido permanente

Durante toda su vida el águila continúa trabajando en su nido. El *águila dorada* puede tener 2 o 3 nidos construidos en diferentes localidades, pero sólo utiliza uno por temporada. Cuando cambia de nido lo hace por razones de supervivencia, es decir, para buscar caza, pero por regla general, el águila construye un solo nido, que cuida, mantiene y renueva. Su nido es muy importante, ya que en él habrán de nacer sus aguiluchos. En ese nido la pareja de águilas cría y alimenta a los aguiluchos. Allí les enseñan a desarrollar sus instintos básicos para poder sobrevivir. Les ofrecen protección, cuidado y los preservan de su medio ambiente, pero cuando ya están fuertes, crecidos y tienen capacidad de sustentarse por sí mismos y con el instinto de conservación ya bien desarrollado, papá águila o mamá águila tienen que tomar la decisión de hacerlos salir.

Para que aprendan a volar, sus padres los tendrán que empujar fuera del nido e incluso empujarlos de la peña o de la copa del árbol para provocarlos a volar y a vencer el miedo a las alturas.

Dios muchas veces tiene que emplear situaciones especiales para provocar que los creyentes inmaduros desarrollen madurez, que a quienes les falta aplicar su fe la pongan en práctica, que los que tienen temor lo manifiesten.

Dice la Biblia: Porque no nos ha dado Dios espíritu de cobardía, sino de poder, de amor y de dominio propio (2 Timoteo 1:7).

Los aguiluchos no pueden estar toda la vida en el nido, protegidos por sus padres águilas. Un día tendrán que abandonarlo, pero lo harán con el permiso de los padres.

Es peligroso abandonar el nido espiritual antes de tiempo. Muchos creyentes salen del nido de la iglesia local a desarrollar ministerios, sin el permiso espiritual de sus autoridades espirituales. La mayoría de los que así lo hacen, dan ese paso en un espíritu de rebelión. Todo lo que se comienza en espíritu de rebelión, jamás tendrá la bendición que se espera de Dios. Habrá prosperidad por cierto tiempo, pero a la larga se pondrán en evidencia las consecuencias de la rebelión.

Bernabé y Saulo salieron del nido de la iglesia de Antioquía con la bendición y con el permiso espiritual: Había entonces en la iglesia que estaba en Antioquía, profetas y maestros: Bernabé, Simón el que se llamaba Niger, Lucio de Cirene, Manaén el que se había criado junto con Herodes el tetrarca, y Saulo. Ministrando éstos al Señor, y ayunando, dijo el Espíritu Santo: Apartadme a Bernabé y a Saulo para la obra a que los he llamado. Entonces, habiendo ayunado y orado, es impusieron las manos y los despidieron. (Hechos 13:1–3).

Tomemos nota del proceso de las águilas Bernabé y Saulo, que estaban en el nido de Antioquía: (1) *Ministrando éstos al Señor.* Todo ministerio debe comenzar en la iglesia local, ministrándosele primero al Señor Jesucristo. Todo lo que se hace, se debe hacer para el Señor. Esta debe ser la motivación de todo ministerio. (2) . . . *dijo el Espíritu Santo: Apartadme a Bernabé y a Saulo para la obra a que los he llamado.* Es por la voz del Espíritu Santo, representante de Jesucristo, que Bernabé y Saulo fueron llamados. Su llamado fue de origen celestial, venía del cielo y no de los impulsos humanos de nadie. (3) *Entonces, habiendo ayunado y orado, les impusieron las manos y los despidieron.* Salen con el permiso de la iglesia.

Las águilas son monógamas, se aparean para toda la vida. Su nido lo comparten de manera permanente con su pareja. En su nido no tienen relaciones con ninguna otra águila.

En Hebreos 13:4 leemos: «Honroso sea en todos el matrimonio, y el lecho sin mancilla; pero a los fornicarios y a los adúlteros los juzgará Dios». Los creyentes-águilas también son monógamos. Se casan y se toman el uno al otro, como marido y esposa; en salud y en enfermedad, en gozo y en tristeza, en todo lo que la vida da y en todo lo que la vida quita y son verdaderos maridos y esposas hasta que sólo la muerte los puede separar. El *amor de águila* no cree en divorcios.

El gallo tiene ojos para todas las gallinas y las gallinas pelean todas por un mismo gallo. Pero el águila macho y el águila hembra solo tienen ojos para su pareja. Su instinto de apareamiento les lleva a esa unión de por vida.

Así como los padres águilas enseñan a los aguiluchos que un día tendrán que depender de sí mismos, los creyentes-águilas aprenden en el nido de la iglesia a no ser siempre dependientes de los demás en su vida espiritual.

Hay muchos creyentes que se resisten a transformarse en águilas y actúan como aguiluchos. Pasan la vida en nidos espirituales de otros, donde comen y duermen. Pero ya es tiempo de que se les empuje fuera del nido y se les obligue a volar, a que se conviertan en águilas de Dios.

Para el águila su nido es permanente, jamás cambia de nido. Es constante y permanece en el mismo nido. Desde luego, un águila puede encontrar un nido desocupado por años y hasta por siglos, y utilizarlo, pero incluso en ese caso aporta su trabajo y no lo deja en la misma condición en que lo encontró.

El águila respeta el nido ajeno. No roba nidos de otra águila. Lo que es de su semejante lo respeta, no lo envidia y menos lo codicia. No se introduce en nidos de otras águilas.

El creyente aprende a respetar a su prójimo. Entre sus derechos y los derechos de su hermano hay una frontera que se tiene que cruzar con permiso. No se mete jamás en asuntos de nidos ajenos. Respeta el derecho a la privacidad de otros. Se preocupa por construir su propio nido ministerial y no está codiciando el nido ministerial de otros.

Cuando ocupa un nido que ya otro construyó y que quedó desocupado, lo honra con su presencia y repara todo lo que le sea posible.

Las posiciones espirituales y los puestos de liderazgo los deben honrar quienes los detentan. Hay que ejercerlos, aportando brillo espiritual al ministerio o a la organización que se representa.

El águila nunca considera terminada la construcción de su nido. Le añade ramas, palos de escobas, cartones, ropas y lo que menos podría alguien imaginar puede aparecer en el nido de un águila. En ese nido siempre hay algo nuevo cada año.

El creyente-águila siempre está renovando su nido espiritual. Siempre se le nota algo nuevo. Nunca cree que ya ha terminado su nido. Su vida espiritual es de progreso y no de retroceso; de avance y no de estancamiento.

Dice la Biblia: «Estando persuadido de esto, que el que comenzó en vosotros la buena obra, la perfeccionará hasta el día de Jesucristo» (Colosenses 1:6).

III. El águila comparte su nido con pequeñas aves

El pájaro *oriole* de Baltimore en los Estados Unidos de América y el *English sparrow,* son pequeñas aves que encuentran refugio y habitación en el gigantesco nido del águila. En ese nido que el águila hizo para sí, estas avecillas lo aprovechan sin obstáculos para hacer su pequeño nido.

El águila no las saca, ni las ataca. Pacíficamente coexiste y comparte con estos extraños vecinos, indefensos y necesitados. Es muy generosa y altruista hacia su prójimo.

El creyente-águila no es egoísta, sino altruista; siempre piensa en el bien ajeno, en ayudar a otros. En su nido, encuentran refugio espiritual vidas necesitadas y desamparadas.

Dice la Biblia: «Y yendo, predicad, diciendo: El reino de los cielos se ha acercado. Sanad enfermos, limpiad leprosos, resucitad muertos, echad fuera demonios; de gracia recibisteis, dad de gracia» (Mateo 10:7–8).

El creyente-águila es un servidor de otros. Lo que tiene lo comparte con los demás. Servir a otros, sin esperar recibir nada a cambio más que la aprobación del Señor Jesucristo, constituye su gozo.

Dice la Biblia: «Mas entre vosotros no será así, sino que el que quiera hacerse grande entre vosotros será vuestro servidor» (Mateo 20:26).

¿Qué clase de nido estamos construyendo como águilas de Dios? ¿Dónde estamos construyendo nuestro nido? ¿De qué tamaño es nuestro nido? ¿Compartimos nuestro nido con otros que tienen necesidad?

2

EL TERRITORIO DEL ÁGUILA

*«Ella habita y mora en la peña, en la cumbre del peñasco
y de la roca. Desde allí acecha la presa; sus ojos observan
de muy lejos» (Job 39:28–29).*

Las águilas en parejas de macho y hembra viven en un territorio
demarcado por sus propios instintos. Por regla general las águilas
cazan solas o en parejas, pero cuando hay mucha comida o caza en
un lugar determinado, se juntan muchas águilas.

Las *águilas calvas* o *águilas blancas* como algunos también las
han llamado y que abundan en Alaska, se juntan por centenares en
épocas de salmones. Como se sabe, el salmón avanza a saltos contra
la corriente por los ríos. Esta actividad lo cansa y lo convierte en
víctima fácil para las águilas, que aprovechan la oportunidad para
atrapar con mucha habilidad al cansado pez.

I. El territorio del águila indica respeto mutuo

En una extensión de 8 a 10 kilómetros a la redonda vive una pareja
de águilas. Ese es su territorio cuyos límites fronterizos los ha puesto
el Creador en el instinto de dichas aves. Dentro de ese territorio no
puede establecerse otra pareja de águilas, aunque sí pueden cazar.
Respetar el territorio de sus semejantes es importante para las águilas.

Los líderes-águilas deben aprender a conocer las funciones y res-
ponsabilidades de sus posiciones o cargos. Penetrar en territorio ajeno, donde otros ya están operando, produce conflictos y choques
personales. Cada cual debe velar por su territorio y no estar velando
por territorios ajenos y criticando lo que otros hacen en su propio
territorio. Démosle gloria a Dios cuando mi hermano tenga algún
territorio ministerial y no se lo invadamos.

El patriarca Isaac en Gerar tuvo malas experiencias. Cuando abrió su pozo, vinieron los filisteos y se lo quitaron. A este primer pozo él le llamó Esek (Génesis 26:19–20), que significa *altercado,* porque habían tenido altercados con él.

Luego sus sirvientes abrieron un segundo pozo. Pero volvieron de nuevo los filisteos y reclamaron este territorio. Le quitaron este otro pozo. El le puso por nombre Sitna (Génesis 26:21), que significa riña.

Isaac, que era un águila que no se rendía ante los buitres de los filisteos, abrió un tercer pozo. Leemos: «y no riñeron sobre él; y llamó su nombre: Rehobot» (Génesis 26:22), que significa lugares espaciosos, «porque Jehová nos ha prosperado, y fructificaremos en la tierra».

Hoy día muchos andan robando pozos ajenos. Buscan brillar con lo que otros han hecho. Sostienen altercados y riñen para que hombres y mujeres de Dios les entreguen sus pozos. Robarán bendiciones, pero jamás le podrán robar la bendición que Dios le haya dado a alguien.

El Espíritu Santo da una gracia especial y personal a sus siervos y siervas que, aunque otros los imiten, tengan recursos financieros para hacer las cosas, sean unos políticos espirituales en su modo de actuar, jamás podrán manifestarla. Esa gracia de Dios es individual y personal.

Cuando David pecó y adulteró con Betsabé mujer de Urías heteo, el profeta Natán se le presentó y con una parábola sentó a David en el tribunal de su conciencia humana. Dice la Biblia: «Había dos hombres en una ciudad, el uno rico, y el otro pobre. El rico tenía numerosas ovejas y vacas; pero el pobre no tenía más que una sola corderita, que él había comprado y criado, y que había crecido con él y con sus hijos juntamente, comiendo de su bocado y bebiendo de su vaso, y durmiendo en su seno; y la tenía como a una hija. Y vino uno de camino al hombre rico; y éste no quiso tomar de sus ovejas y de sus vacas, para guisar para el caminante que había venido a él, sino que tomó la oveja de aquel hombre pobre, y la preparó para aquel que había venido a él» (2 Samuel 12:1–4). La víctima de la parábola es una «sola corderita». Aunque el rico tenía ovejas y vacas, se antojó de esa «sola corderita» que le pertenecía al pobre y a su familia.

Esa «sola corderita» es la envidia de muchos, que no conformes con su posición y con sus dones, envidian la posición y los dones de otros. Se adueñan de aquello que para otros lo significa todo. Tenemos que vigilar bien a la «corderita» para que aquellos que tienen mentalidad de apoderarse de todo, no lo hagan.

Muchos andan detrás de la «corderita» de otros. No se conforman con lo mucho que tienen. Lo quieren todo. En el ministerio tenemos que aprender a detestar a esta clase de individuos, cuya mentalidad no es de águilas sino de buitres. No se conforman con su territorio, quieren el territorio de los demás.

II. El territorio del águila sugiere aceptar a otros

En el territorio del águila pueden vivir otras aves de rapiña, pero, no donde ésta tiene su nido. Por naturaleza el águila vive de comerse a otros animales que mata. Y aunque es un ave de rapiña. no se comporta como otras aves de rapiña.

El creyente-águila está en el mundo, pero no es del mundo. Las influencias del mundo no pueden determinar su conducta, porque su naturaleza espiritual lo ha hecho diferente. Ha salido del mundo, y no permite que el mundo entre en su corazón.

El grave problema del pueblo hebreo que abandonó Egipto, fue que salió de Egipto, pero Egipto no salió del corazón de la mayoría de ellos. Muchos creyentes han salido del mundo, pero el mundo todavía no ha salido de ellos.

Cualquier ave extraña, no importa si es de rapiña o no, tiene que respetar el derecho y la autoridad del águila, a la que se le conoce como el rey de los pájaros, el amo de los cielos y la reina de las aves, por su imponente presencia.

Satanás y sus demonios, con rango o sin rango, tienen que respetar la autoridad espiritual que ejerce el creyente, Aunque los demonios se mueven por el reino espiritual de los creyentes, no pueden estarse metiendo con estos. Y cuando lo hacen, su osadía les cuesta cara.

Dice la Biblia: «Entonces llamando a sus doce discípulos, les dio autoridad sobre los espíritus inmundos, para que los echasen fuera, y para sanar toda enfermedad y toda dolencia» (Mateo 10:1). «Y estas señales seguirán a los que creen: En mi nombre echarán fuera demonios; hablarán nuevas lenguas; tomarán en las manos serpientes, y si bebieren cosa mortífera, no les hará daño; sobre los enfermos pondrán sus manos, y sanarán» (Marcos 16:17–18).

III. El territorio del águila muestra supervisión

Todos los días la pareja de águilas vuela de 4 a 6 horas en círculos, vigilando y supervisando su territorio. Ese es su territorio y con su presencia impresionante lo protege.

El creyente tiene que reclamar su territorio espiritual. Un tema preponderante que se encuentra en tiempos recientes en las librerías es el de la «guerra espiritual». Los principados y potestades han estado levantando fortalezas espirituales en muchas ciudades. Y hay un grito de guerra cristiano y ese es: Estamos en guerra y tenemos que tomar las fortalezas del enemigo.

La Iglesia está bien enojada contra los principados y las potestades, se ha levantado de su barricada y está avanzando sus tropas hacia la línea del enemigo.

Naciones, ciudades, pueblos y aldeas alrededor del mundo están siendo tomadas por la estrategia de oración de la iglesia. En cada conquista se proclama a Jesucristo como Señor. Por eso no es de extrañar que leamos en algunas encrucijadas, rótulos o pancartas que dicen: **Jesús es el Señor.**

En las congregaciones se están organizando *ministerios de guerreros de oración*. Grupos especiales adiestrados para la guerra espiritual en el empleo de la oración.

Hoy día en la guerra espiritual estratégica se identifica al «hombre fuerte» para procurar atajar su influencia en su ámbito de operación,

Dice la Biblia: «Porque ¿cómo puede alguno entrar en la casa del hombre fuerte. Y saquear sus bienes, si primero no le ata? Y entonces podrá saquear su casa» (Mateo 12:29).

Dice la Biblia: «Cuando el hombre fuerte armado guarda su palacio, en paz está lo que posee. Pero cuando viene otro más fuerte que él y le vence, le quita todas sus armas en que confiaba, y reparte el botín» (Lucas 11:21).

Peter Wagner dice sobre el «hombre fuerte»: «Así, el diablo escoge a aquellos que están dispuestos a servirle, y los eleva como líderes en la tierra. Es obvio que un líder puede influir a mucha gente, y, por consiguiente, puede causar destrucción. Estos líderes humanos actúan como los hombres fuertes de Satanás, y representan las características de los principados a los cuales sirven. Creo que tales hombres fuertes en la tierra son asignados a principados y potestades para servir a los propósitos de éstos y éstas. Estas personas cultivan una relación directa e íntima con los demonios, mediante sus actividades ocultistas» (*La destrucción de fortalezas en su ciudad*. Editorial Caribe, 1995, p. 136).

Dice la Biblia: «. . . ocupaos en vuestra salvación con temor y temblor» (Filipenses 2:12). «¿Cómo escaparemos nosotros, si descuidamos una salvación tan grande? La cual, habiendo sido anunciada primeramente por el Señor, nos fue confirmada por los que oyeron» (Hebreos 2:3).

Como águilas de Dios respetémonos mutuamente. No seamos exclusivos, sino inclusivos, en nuestro trato hacia los demás. Abramos las puertas de la oportunidad a los extraños. Nunca descuidemos la supervisión de nuestra vida espiritual.

3

EL VUELO DEL ÁGUILA

«Pero los que esperan a Jehová tendrán nuevas fuerzas, levantarán alas como las águilas; correrán y no se cansarán; caminarán y no se fatigarán» (Isaías 40:31).

El *águila dorada,* al igual que el *águila calva,* son especies muy veloces. Cuando en la Biblia se habla del águila se refiere al *águila dorada* de Palestina. El *águila dorada* es la más rápida de todas; su velocidad oscila entre 175 y 225 kilómetros por hora, y a veces sobrepasa ese límite. Pero el *águila calva* también se destaca por su velocidad de vuelo. Cuando desciende en picada, el águila puede alcanzar en general los 275 kilómetros por hora. Si algo ayuda al águila a lograr esas velocidades es su estructura ósea, ya que tiene huesos huecos que pesan menos de una libra.

Por otra parte las grandes alas del águila le permiten tomar mucha altitud, velocidad y fuerza en su descenso en picada. Con las alas extendidas, el águila puede tener una longitud de 1.90 a 2.5 metros. Pero la mayoría las extienden hasta unos 2 metros. La más grande de las águilas es el *águila arna* (harpy eagle) o *harpia harpyja,* con un tamaño de 90 centímetros y al abrir sus alas alcanza 2.5 metros.

En el AT no sólo se compara a Dios con el águila, sino que se pondera y alaba su vuelo ligero:

«. . . y cómo os tomé sobre alas de águilas, y os he traído a mí» (Exodo 19:4).

«. . . más ligeros eran que águilas . . .» (2 Samuel 1:23).

«Pasaron cual naves veloces; como el águila que se arroja sobre la presa» (Job 9:26).

«Porque así ha dicho Jehová: He aquí que como águila volará, y extenderá sus alas contra Moab» (Jeremías 48:40).

I. El águila emplea esfuerzo para elevarse

Por ser un ave de gran tamaño, necesita esforzarse para levantar vuelo. Si está sobre una peña, da pequeños saltos, salta al vacío, abre sus alas y comienza a volar. Si está en tierra, da saltos, bate sus alas y se eleva. Para poder levantar su peso de hasta casi 7 kilogramos, debe hacer un gran esfuerzo. Pero una vez que ha alcanzado las alturas, sabe aprovecharse de la brisa y, con las alas totalmente extendidas, va planeando. Sus alas son más fuertes que las alas de un avión.

El creyente-águila se esfuerza en su vida espiritual. Para esto se tiene que consagrar cada día más. Practica sus ejercicios espirituales que son orar y ayunar y mantiene el hábito de devociones diarias con la lectura de la Biblia. Reconoce que cuanto más busque a Dios, mayor será la altura espiritual que podrá alcanzar. El creyente-águila, una vez que ha aprendido a conquistar las alturas celestiales, descansa en la brisa de la presencia de Dios. Deja que el viento de la misericordia y de la gracia divina lo ayude a sostenerse y a descender. Sabe que una vez haya hecho su parte, Dios hará la suya. El creyente y Dios son socios en los asuntos espirituales.

El problema es que muchos creyentes en vez de dejar sus alas de águila extendidas, las siguen moviendo y por eso se cansan. No saben descansar en Dios. No saben esperar en Dios. No saben moverse en Dios. ¡Hay que esperar en Dios!

II. El águila mueve sus alas con precisión

Muchos creyentes-águilas no reconocen cuando hay que decir: ¡Basta ya! ¡Tenemos que depender de Dios! Hemos ascendido, pero tenemos que bajar.

El águila sabe cuando ya no hay que seguir batiendo las alas. No abusa de sus alas, las sabe mover con precisión. Los extremos y los abusos hacen mucho daño a la vida del creyente.

La doctrina de la gracia nos invita a extender las alas y a descansar en las promesas divinas y en lo que Jesucristo hizo en la cruz del Calvario. El legalismo nos hace depender mucho de nosotros mismos y poco de Dios. El legalismo dice: «Haz esto y aquello, y aquello otro, y así agradarás a Dios». La gracia nos dice: «Sin fe es imposible agradar a Dios» (Hebreos 11:6). Todo lo que hagamos para Dios, se tiene que hacer con fe.

Hay circunstancias que ya no dependen de nosotros, dependen de Dios. Tenemos que extender las alas, dejarlas quietas y sostenernos en la fe y la esperanza. El Dios de las alturas nos sabe sostener sin que nos caigamos:

«Con sus plumas te cubrirá, y de bajo de sus alas estarás seguro» (Salmo 91:4).

«Y a aquel que es poderoso para guardarnos sin caída, y presentaros sin mancha delante de su gloria con gran alegría» (Judas 24).

III. El águila busca las alturas

Los buitres gustan de hacer sus nidos en árboles secos y de baja altura. Se comen la carroña en el suelo y luego hacen un pequeño esfuerzo y trepan a una rama para hacer la digestión. Son aves de rapiña muy vagas. La hembra del buitre es la que construye el nido. Es diferente a las águilas; éstas, macho y hembra, comparten la tarea de hacer el nido juntas, juntas incuban los huevos y juntas crían a los aguiluchos. Al buitre le gusta la planicie, estar abajo. Al águila le gusta la altura, estar arriba. El buitre representa al inconverso y a la carne. El águila representa al creyente y al espíritu. Los buitres son aves gregarias, les gusta moverse en grupos. El águila no es un ave gregaria, se mueve sola o en pareja. El creyente no se mueve con los muchos del mundo, sino con los pocos de Dios.

Las gallinas son de abajo, las águilas son de arriba. La gallina es miedosa, el águila es brava, valiente y se sabe defender con sus garras y pico.

A la reina de las aves le gusta tener su reino en las alturas. Cuanto más alto asciende, más resalta su realeza. Es símbolo de excelencia, de poder y de nobleza.

El creyente-águila es llamado a ser radical en su guerra espiritual. No retrocede ante el enemigo, sino que avanza hacia él.

El águila-David nos ofrece un buen ejemplo: «Y aconteció que cuando el filisteo se levantó y echó a andar para ir al encuentro de David, David se dio prisa, y corrió a la línea de batalla contra el filisteo» (1 Samuel 17:48).

El creyente-águila no anda detrás de los demonios para arrojarlos, los demonios andan detrás de él. Los demonios no se metían con Jesús de Nazaret, éste se metía con ellos.

«. . . ¡Ah! ¿qué tienes con nosotros, Jesús nazareno? ¿Has venido para destruirnos? Sé quién eres, el Santo de Dios. Pero Jesús le reprendió, diciendo: Cállate, y sal de él» (Marcos 1:24–25).

Se ha dicho del águila que cuando va volando y se encuentra con una tormenta, se eleva por encima de la misma. El creyente-águila vuela por encima de los problemas, por encima de las dificultades, por encima de las flaquezas y por encima de todo lo que le sea contrario.

En Colosenses 3:1–3 se nos dice: «Si pues, habéis resucitado con Cristo, buscad las cosas de arriba, donde está Cristo sentado a la diestra de Dios. Poned la mira en las cosas de arriba, no en las cosas de la tierra. Porque habéis muerto, y vuestra vida está escondida con Cristo en Dios».

4

EL CUIDADO DEL ÁGUILA

«. . . de modo que te rejuvenezcas
como el águila» (Salmo 103:5).

El águila es un ave que se cuida mucho. Su promedio de longevidad en cautiverio puede ser de hasta 40 años y en libertad puede vivir unos 20 años o más. Diariamente saca tiempo para cuidar de sí misma. De su práctica y cuidado diarios podemos extraer muchos principios para la vida cristiana.

I. Su preparación diaria

En horas tempranas de la mañana, el águila se limpia con el pido el plumaje, acondicionándolo para las tareas de vuelo y de caza para el día. Todo insecto o partícula que se le haya adherido al plumaje durante el día o la noche los elimina. Antes de volar expulsa de su sistema digestivo toda materia fecal. El águila sabe que el buen funcionamiento y el éxito diarios dependerán mucho del cuidado y atención que le haya dado a su plumaje.

El creyente-águila a diario se hace un examen de conciencia espiritual, y se limpia con la sangre de Jesucristo de todas aquellas cosas que a Dios no le agradan y que no deben formar parte de su vida espiritual. Repasa el día vivido para ver si en algo pecó, ya fuera de palabra, de acción o de omisión. Porque desea agradar a su Señor Jesucristo y sabe que para volar alto necesita estar limpio delante de Dios.

Además de limpiarse, el águila produce una sustancia hormonal con la cual aisla o proteje a su plumaje. Esa protección es importante para repeler la lluvia o cualquier sustancia que pueda afectar su vuelo. Esa rutina diaria es importante para toda águila.

El creyente-águila tiene que aislarse con la sangre de Jesucristo, con la Palabra de Dios y con el poder del Espíritu Santo, contra las tentaciones y artimañas del diablo. La vida devocional del creyente, con la lectura habitual de la Biblia y el tiempo de oración, serán determinantes para el éxito diario de cada creyente. Orar temprano en la mañana es comenzar bien el día con Dios.

II. Su ejercicio diario

El águila vuela todos los días entre cuatro y seis horas. Volar es su ejercicio. De ese ejercicio depende su sustento, el sustento de sus aguiluchos y su longevidad. Si se queda metida todo el día en el nido y no sale a volar, pronto sus gigantescas alas de dos a tres metros extendidas, se le atrofiarán.

Esto nos recuerda a los pavos. Sus ancestros habitaban América del Norte, Canadá y México. Con la llegada de los colonizadores y la introducción de la agricultura se fueron paulatinamente extinguiendo.

Los criadores de pavos comenzaron a mezclar diferentes especies y por esta razón las mismas difieren de los pavos salvajes. A pesar de pertenecer a la familia de los falconiformes, a la cual pertenece el águila, los pavos perdieron su habilidad de volar. Su alimentación en criaderos y el enorme peso que llegan a alcanzar les impide utilizar las alas.

A diferencia del águila que es monógama, los pavos son polígamos. Cada pavo tiene un harén de hembras a las que protege y cuida durante el tiempo de apareamiento.

Quienes tienen mentalidad de pavo, aunque tienen buen tamaño, buena apariencia y alas, no saben utilizar sus ventajas. Han sido condicionados por otros para ser pavos y dejarse comer.

El creyente-águila no se deja condicionar por nadie, ni por su medio ambiente, sino que condiciona su medio ambiente y sabe quién es y qué puede hacer. El creyente que no hace ejercicios espirituales, se atrofia espiritualmente, y pierde su calidad como tal. Si no ora, pierde la fuerza que le da la oración. Si no testifica a otros, pierde el amor por las almas perdidas.

El águila hace ejercicios en círculos. Aunque lo que hace parece una rutina, su organismo lo necesita. El águila puede levantar hasta el doble de su peso. Un águila puede llegar a pesar hasta 7 kilogramos. La hembra es casi siempre la más grande y por ello pesa más. La razón de esto es que tiene que cazar más durante el tiempo que cría a los aguiluchos.

No nos olvidemos que el águila puede hacer su nido a una altura de dos mil a más de tres mil metros de altura. El ejercicio que hace a diario la ayuda a levantar el peso de su caza hasta llevarlo al nido. En la vida cristiana hay muchas cosas que parecen rutinas para el creyente. Como los cultos, los ayunos, las oraciones, las vigilias, los retiros... Pero es algo que resulta indispensable desde el punto de vista espiritual.

III. Su recuperación

Aunque el águila se cuida muy bien, se alimenta bien y goza de muy buena salud; no está exenta de enfermedades. En su dieta alimenticia se incluye toda una gama de alimentos, pero siempre tienen que ser frescos. Es decir, caza animales vivos para alimentarse. Por lo general come pescado, de preferencia salmón, mamíferos pequeños, carrión, conejos y aves acuáticas. De vez en cuando es posible que algún alimento le afecte su sistema digestivo, y como consecuencia decaigan sus fuerzas y vigor de águila. ¿Qué hace el águila en esta situación? Se mete al nido, se pone a ayunar, a veces hasta por días, hasta que su sistema se recupere. El águila ha aprendido a cerrar el pico y a esperar en abstinencia su recuperación.

El creyente tiene que aprender a cerrar la boca, y a dejar que el Señor Jesucristo actúe en su vida, para restaurarlo, fortalecerlo, sanarlo, levantarlo y renovarlo.

El águila sabe volar, cuándo volar, cómo volar y hasta dónde puede llegar volando. No vuela más de quince mil kilómetros diarios. Conoce sus fortalezas y sus limitaciones. No se excede más allá de lo que puede hacer. No se engaña a sí misma. Por su gran tamaño sabe que sólo puede volar de 4 a 6 horas; no más de eso, y que debe descansar de 16 a 18 horas. Las noches las pasa durmiendo en su nido. De noche no vuela, ni se arriesga a hacerlo. No quiere poner en peligro su vida. Tiene visión sólo para el día y no para la noche.

El creyente debe sacar tiempo para que su cuerpo descanse. En las noches de culto o de reunión en el templo, descansará en el nido teniendo comunión con el Espíritu Santo. Las noches que no asista al templo se las debe dedicar a su familia. A los creyentes-águilas les encanta estar en el nido de Dios:

Deléitate asimismo en Jehová, y él te concederá las peticiones de tu corazón" (Salmo 37:4).

«No dejando de congregarnos, como algunos tienen por costumbre, sino exhortándonos; y tanto más, cuando veis que aquel día se acerca» (Hebreos 10:25).

Tengamos mucho cuidado con nuestra vida espiritual. No descuidemos aquellas cosas que son importantes para nuestro desarrollo espiritual. Aprendamos a descansar en el nido.

5

LA RENOVACIÓN DEL ÁGUILA

*«El que sacia de bien tu boca de modo que te
rejuvenezcas como el águila» (Salmo 103:5).*

El águila es un ave de gran tamaño. Su pico, en forma de gancho, es
muy fuerte. Sus patas cortas, y en ocasiones emplumadas como las
águilas doradas y las *águilas calvas,* con garras fuertes, le permiten
agarrar y matar a su presa con mucha facilidad. Con frecuencia muda
su hermoso plumaje. Por su belleza imponente, su valor y nobleza
ha sido empleada desde tiempos antiguos como insignia, emblema
y escudo de naciones.

Para los aborígenes americanos su plumaje era sagrado. En los
Estados Unidos de América se identifican dos especies de águilas.
Una es el *águila dorada,* que toma su nombre del color dorado de la
cabeza que tiene el aspecto de una corona. Esta clase de águila se
encuentra en más de la mitad del mundo. A ella es a la que se refiere
la Biblia. La otra es el *águila calva* (en inglés *bald eagle*) y es símbolo de los Estados Unidos de América. Se le llama *calva* por tener
la cabeza blanca igual que la cola. El águila joven o aguilucho es
oscuro o de color marrón uniforme. Es un águila marítima, aunque
no muy diestra en la pesca como otras águilas pesqueras; sabe arre-
batar la presa de otras aves; o se alimenta de patos y conejos, roedores y mamíferos pequeños.

I. El creyente renueva su relación con Dios

El águila suele experimentar un proceso de cambio, cuando comienzan a salirle nuevas plumas y bota el plumaje viejo. El salmista
ilustra con ese cambio lo que Dios hace por el creyente.

31

Ese cambio de plumaje en el águila nos recuerda que, como creyentes en Cristo Jesús, hemos experimentado una liberación espiritual. Vivíamos atados a las cadenas del pecado que nos habían confinado espiritualmente a la prisión de este mundo. Pero, el día en que confesamos a Jesucristo como nuestro Salvador y nos arrepentimos de nuestros pecados, se rompió la pesada cadena del pecado y quedamos libres. No solo hemos sido liberados en lo espiritual, sino que por medio del Espíritu Santo hemos recibido una nueva unción que siempre se renueva. Esa unción habla de una relación muy personal del Espíritu Santo, quien ya no es algo impersonal, sino nuestro amigo, nuestro maestro, nuestro consolador . . .

También hemos recibido poder espiritual. El poder del Jesús terrenal está a nuestra disposición para obrar milagros, actuar con autoridad espiritual y hacer lo que hizo Cristo, por ser sus representantes aquí en la tierra.

La renovación espiritual habla de una vida victoriosa y llena de bendiciones. Nuestro Dios siempre desea bendecirnos. Su gracia y su misericordia lo lleva a tratarnos con amor y a darnos sus abundantes bendiciones.

El águila-David, cuando se encontró que sus plumas estaban ya viejas por su pecado, se tuvo que buscar cómo botarlas. Por eso exclamó: «Purifícame con hisopo, y seré limpio; lávame, y seré más blanco que la nieve. Hazme oír gozo y alegría, y se recrearán las huesos que has abatido. Esconde tu rostro de mis pecados, y borra todas mis maldades. Crea en mí, oh Dios, un corazón limpio, y renueva un espíritu recto dentro de mí. No me eches de delante de ti, y no quites de mí tu santo Espíritu. Vuélveme el gozo de tu salvación, y espíritu noble me sustente» (Salmo 51:7–12).

Un espíritu renovado habla de creación, de limpieza, de renovación, de rectitud, del volver, de gozo y de nobleza. Es un cambio de actitud, es volver a ser lo que se era, es volver a comenzar en Dios.

El creyente renovado se mantiene en una actitud de rectitud ante Dios, delante del mundo y delante de la Iglesia. Vive lo que profesa y profesa lo que vive.

El águila-Sansón, aunque sin ojos, sin alas de libertad, botó sus viejas plumas mientras daba vueltas en un viejo molino filisteo. En un templo filisteo dedicado a Dagón, entre dos columnas, el águila Sansón echó plumas nuevas. Allí hizo su última oración:

«Señor Jehová, acuérdate ahora de mí, y fortaléceme, te ruego, solamente esta vez, oh Dios, para que de una vez tome venganza de los filisteos por mis dos ojos» (Jueces 16:29). El águila dorada de Israel murió con honra, como un capítulo más de gloria en la historia hebrea.

El águila-Pedro negó al Señor Jesucristo, tal y como se le había profetizado (Mateo 26:31–35). Pero el águila de piedra botó sus plumas dañadas. Dice la Biblia: «. . . y saliendo fuera, lloró amargamente» (Mateo 26:75). Un verdadero arrepentimiento produce lágrimas y amargura, quebrantamiento y pesar. Lo que la persona siente por dentro lo exterioriza por fuera. Nuestros fracasos pasados no tienen que determinar nuestra vida presente, ni futura. En Cristo Jesús hemos sido liberados del pasado.

En el día de pentecostés, cuando descendió el Espíritu Santo, el águila-Pedro echó nuevas plumas, cobró nuevos ánimos. Leemos: «Entonces Pedro, poniéndose en pie con los once, alzó la voz y les habló diciendo: Varones judíos, y todos los que habitáis en Jerusalén, esto os sea notorio, y oíd mis palabras» (Hechos 2:14).

Dice la Biblia: «Porque no nos ha dado Dios espíritu de cobardía, sino de poder de amor y de dominio propio» (1 Timoteo 1:7).

II. El creyente renueva su manera de pensar

Dice la Biblia: «Porque cual es su pensamiento en su corazón, tal es él . . .» (Proverbios 23:7).

Nosotros somos los que pensamos que somos, y lo que otros piensan que somos puede llegar a determinar lo que somos. Por eso el creyente tiene que tener mucho cuidado con la manera cómo alimenta su mente. En la mente se ganan las batallas espirituales o se pierden. Puede reinar Dios en forma teocrática o puede gobernar la carne de manera dictatorial. Puede ser un campo de concentración espiritual o puede ser un campo de libertad espiritual. La mente es muy importante para Dios. Pide el control de la misma. Una mente controlada por el Espíritu Santo tiene a Dios de su parte.

Dice la Biblia: «Y amarás al Señor tu Dios con todo tu corazón, y con toda tu alma, y **con toda tu mente** y con todas tus fuerzas. Este es el principal mandamiento» (Marcos 12:30).

Dice la Biblia: "Y como ellos no aprobaron tener en cuenta a Dios, Dios los entregó a **una mente reprobada,** para hacer cosas que no convienen" (Romanos 1:28).

Dice la Biblia: «Porque el tener una **mente carnal** es muerte, pero el tener una **mente espiritual,** es vida y paz» (Romanos 8:6).

Muchos creyentes viven como águilas con plumas viejas, porque su forma de pensar se ve condicionada por su familia, su cultura, sus amigos, sus derrotas e incluso la interpretación externa que tienen de sí mismos. Se ven como águilas viejas, en vez de verse como águilas que pueden ser renovadas.

Una mente controlada por el Espíritu Santo y saturada de la Palabra de Dios, es una mente que eleva nuestra manera de pensar y de actuar. Actuamos porque pensamos y pensamos para actuar.

Dios muchas veces nos va a introducir en campos de batalla, para obligarnos a pelear. Para poder ver milagros tenemos que movernos en posiciones de combate. Estamos en guerra, ya terminaron los ejercicios de entrenamiento, ahora tenemos que pelear.

De los cobardes se dice muy poco, de los valientes se dice mucho. ¿Qué se dirá de ti o de mí?

Tú y yo nacimos campeones. Las circunstancias no me derrotan, yo las derroto a ellas.

¿Deseas tener éxito en algo, lograr algo en la vida? Descubre una necesidad y busca satisfacerla.

Dios no me creó para fracasar, yo soy el que me destino al fracaso.

III. El creyente renueva su servicio a Dios

Servimos a Dios en agradecimiento por el servicio que Jesucristo nos prestó a nosotros. Ese servicio a Dios se lo expresamos por medio de las buenas acciones para con nuestros hermanos en la fe y para con el prójimo.

Proponte cada nuevo día hacer más para Dios, que lo que has hecho antes. Nunca te sientas satisfecho con lo que ya has hecho por el Señor Jesucristo, siempre habrá mucho más que puedas hacer por Él. Nuestro servicio a Dios debe ir en aumento. Servir a Dios, es dárselo todo a Dios. Tú y Dios pueden ser socios en su obra. Invierte en Dios y de Él recibirás grandes intereses.

Tu trabajo pasado para con Dios, no es para que te detengas a pensar en los triunfos; da en el presente el máximo para Dios tanto en calidad como en cantidad.

Recuerda que nunca harás demasiado para Dios, como si Él ya no esperara más de ti. «Así también vosotros, cuando hayáis hecho todo lo que os ha sido ordenado, decid: Siervos inútiles somos, pues lo que debíamos hacer, hicimos» (Lucas 17:10).

¿En qué área de nuestra vida tenemos que renovarnos? ¿Qué cosas se han vuelto arcaicas en nuestra relación con Dios y necesitan ser renovadas? ¿Está el Espíritu Santo en control de tu mente? ¿Le agrada a Dios el servicio que le das? ¿Cuál es la motivación que te mueve a hacer lo que haces para Dios?

6

LOS AGUILUCHOS DEL ÁGUILA

«Como el águila que excita su nidada, revolotea sobre
sus pollos, extiende sus alas, los toma, los lleva sobre
sus plumas» (Deuteronomio 32:11).

Esa águila símbolo de excelencia, de poder, de valor, de conquistas, fue un día un indefenso y no bien parecido aguilucho. Antes de llegar a ser lo que es, tuvo que dejar de ser lo que era. De sus padres aprendió a temprana edad los secretos de ser águila.

I. Su nacimiento

El águila pone de uno a tres huevos de color marrón claro y moteado. Aunque muchas águilas ponen de cuatro a seis huevos. Por lo general sólo se incuban dos huevos.

En la incubación pueden participar ambos, el macho y la hembra; aunque mayormente es la hembra la encargada de esta labor. Durante cincuenta días la hembra o el macho alternan sentándose sobre los huevos para incubarlos con su calor.

Cuando un aguilucho está listo para salir, lo indica emitiendo un sonido desde dentro del cascarón, que la madre puede escuchar. En su pico tiene un 'diente' especial, si es que así se le puede llamar, con el cual hace su primer agujero. Le toma unas 15 horas hacer el primer agujero en el cascarón.

Al pensar en que sólo algunos huevos llegan a incubarse y no todos los que han sido calentados por el águila; nos trae a la mente que muchas personas pasan al altar, hacen la profesión de fe, pero pocos perseveran. Dijo el Señor Jesucristo: «. . .porque muchos son llamados, más pocos escogidos» (Mateo 20:16).

Somos testigos de las muchas personas que pasan hasta el altar cuando se hace el llamamiento para el arrepentimiento, hacen profesión de fe, pero al poco tiempo se descarrían.

Un aguilucho rompe el cascarón 24 horas antes que otro. Por tal razón, esa ventaja de tiempo, le permitirá a un aguilucho en su fase de infancia ser más grande que el otro. La razón es que le lleva un día de ventaja.

En el Señor Jesucristo unos creyentes crecen más que otros, porque se comienzan a alimentarse antes. Son los creyentes que saben aprovechar bien su tiempo. Que se entregan de lleno a la obra del Señor. Que aprovechan las oportunidades para crecer en la obra del Señor.

II. Su crecimiento

Los aguiluchos al nacer y en su primera etapa son blancos, parecen pollitos de gallina y tienen un aspecto feo. Permanecen en el nido entre 50 a 100 días.

Los nuevos conversos todavía presentan algunas fealdades en sus malos hábitos, en su manera de hablar y en muchas de sus costumbres. Han ingresado en la fábrica del Espíritu Santo para iniciar un proceso, y por lo tanto todavía necesitan cambios.

A medida que crece, el aguilucho va tomando un color marrón. Es decir, se va uniformando. Al llegar a ser un joven adulto tomará el plumaje hermoso de sus padres. Cuanto más crece el aguilucho, más se parece a un águila.

De igual manera cuanto más crece el creyente, más y más se parecerá al Señor Jesucristo, el Aguila Mayor.

El aguilucho no desarrolla el color adulto o el plumaje de adulto hasta al cabo de cuatro años. Si se trata del *águila calva,* la cabeza y la cola se volverán blancas. Si se trata del *águila dorada,* la cabeza se volverá dorada.

A medida que el creyente crece en el Señor, se va manifestando el cambio. Hasta que llegará el momento en que se parecerá mucho a Jesucristo. Andará como Cristo, hablará como Cristo, actuará como Cristo y mirará como Cristo. El que lo vea verá en él o en ella a Jesucristo.

III. Su instrucción

Mientras los aguiluchos son pequeños, la madre águila les dará los alimentos dentro del nido. Los nuevos conversos deben ser alimentados directamente por el pastor.

A medida que crecen los aguiluchos, mamá águila les deja los alimentos fuera del nido, y los obliga a salir para comerlos. Allí les enseña las destrezas de cómo aferrarlos con las garras y de cómo utilizar el pico.

El creyente debe primero aprender a moverse fuera del nido, antes de poder volar. Muchos fracasos se deben precisamente a que muchos creyentes no han aprendido a ser miembros de iglesia, y desean ya ejercer ministerios.

Luego, mamá águila los enseña a caminar, después a dar saltos. De esa manera se fortalecen las patas de los aguiluchos. Se le pondrán ásperas y callosas, y sus garras tendrán mucha fuerza.

El creyente debe aprender a caminar en el Señor Jesucristo, antes de comenzar a dar brincos de fe. Cuando ya aprenda a brincar estará listo para volar.

Al aguilucho le toma de 65 a 75 días aprender a volar. Durante todo ese tiempo, haciendo los debidos ejercicios y observando a papá águila y a mama águila, aprenderá de éstos a volar.

La lección que tiene que aprender todo aguilucho es que el nido es para descansar y no para quedarse dentro del mismo para siempre. Por eso el águila revolotea y mueve sus alas para obligar a los aguiluchos a salir del mismo. Eso es lo que se declara en el libro de Deuteronomio: «como el águila que excita la nidada» (32:11).

Dios también tiene que emplear situaciones especiales y pruebas para mover a los creyentes a salir del nido de la comodidad, del conformismo, de la pereza, de la inercia y del reposo.

IV. Su independencia

Antes de aprender a volar el aguilucho aprende lo elemental. Mamá águila comienza a dejarle la comida, primero en la boca, luego en pedazos en el nido, después en pedazos fuera del nido, luego en trozos para que el aguilucho la parta con las garras y el pico. Luego, se la deja un poco más lejos, y finalmente tendrá que salir a buscar su propia comida.

Por fin le llega al aguilucho el día de su primer vuelo. Las alturas todavía lo aterran. Pero se ve forzado a lanzarse al vacío, donde abre sus alas y aprende a volar. Pero aún después de haberlo logrado, todavía depende de las otras águilas.

Muchos creyentes fracasan porque han aprendido a hacer algunas cosas y ya se sienten que se pueden independizar. Hay que cuidarse de ese espíritu de independencia. Lo mejor es esperar el tiempo de Dios y el permiso para salir de la cobertura espiritual donde Dios nos ha puesto.

Los aguiluchos estarán en ese nido, bajo la autoridad y supervisión de sus padres, hasta tanto éstos no les den permiso de salir.

Saulo y Bernabé se mantuvieron en el nido de Antioquía y bajo la supervisión espiritual de allí, hasta que el Espíritu Santo declaró: «Apartadme a Bernabé y a Saulo para la obra a que los he llamado» (Hechos 13:2).

Cuando los aguiluchos llegan a su desarrollo completo, ya es tiempo de cambiar de hogar, de buscarse pareja, de tener su propio territorio y de comenzar a construir su propio nido.

V. Su enemigo

Aun antes de nacer, los aguiluchos tienen un enemigo. Este enemigo puede subir a la alta montaña y llegar hasta la peña o la copa del árbol. Allí se introduce sigilosamente en el nido.

Mientras el águila macho busca el sustento para su pareja, el águila hembra se mantiene en el nido incubando los huevos. No los puede descuidar. El futuro papá águila cuida muy bien de la futura mamá águila.

Este enemigo se camufla entre la materia que se ha empleado en la confección del nido. Espera un descuido para comerse los huevos. Y si ya han nacido los aguiluchos, espera la oportunidad para comérselos. Cuando sean águilas ya no los podrá tocar. Sus garras y sus picos son mortales para este enemigo. Este enemigo es la serpiente, la culebra, enemiga de los indefensos aguiluchos. El mundo es esa serpiente, Satanás es esa serpiente que se quieren comer a nuestros hijos, a nuestros jóvenes y los quiere sacar de la Iglesia.

Mamá águila o papá águila no tienen buen olfato para oler a su enemigo, pero tienen un buen oído y una buena visión para detectarlo. Y con un movimiento rápido el primero que descubra a la astuta serpiente, la atrapa con sus garras y espolones y con la fuerza de sus patas la destruye.

Las garras del creyente son sus piernas, símbolo de oración. Los padres que oran protegen a sus hijos. La iglesia que ora protege a sus jóvenes. La pareja que ora protege su matrimonio.

Jesucristo es el Águila Mayor que nos enseña a ser águilas, y nos protege de la serpiente Satanás. Jesús la ve y la oye aunque a nosotros se nos infiltre en el nido. Velemos el nido para que la serpiente no se meta. Cuando todo se vea tranquilo, mucho ojo, puede que la serpiente esté quieta en el nido esperando la oportunidad para atacar.

7

LA VISIÓN DEL ÁGUILA

«Ella [el águila] habita y mora en la peña, en la cumbre
del peñasco y de la roca. Desde allí acecha la presa;
sus ojos observan de muy lejos» (Job 39:28–29).

Los ojos del águila son grandes y ocupan una tercera parte de su área craneal. Al ser los ojos del águila muy grandes para el tamaño del cráneo, su capacidad de movimiento se ve limitado. Para compensarlo, mueve continuamente la cabeza en diferentes posiciones. Sus ojos están ubicados hacia el frente, separados el uno del otro por el pico, lo cual le da una visión binocular y monocular. Las cejas protuberantes del águila con su mirada aguda y profunda han dado origen a la expresión 'mirada de águila', que se dice de las personas que observan en forma acuciosa. El águila posee doble párpado. El párpado exterior lo emplea siempre. El interior lo emplea cuando está volando en dirección al sol y cuando está alimentando a los aguiluchos. Así, al darles los alimentos pico a pico, los picos de éstos no le harán daño a sus ojos. Ella cuida muy bien su visión, ya que depende de ella para subsistir.

I. El águila ve lo que otras aves no ven

Desde una gran altura el águila puede localizar su presa. Su visión es telescópica. A kilómetro y medio de distancia puede localizar a un conejo o cualquier otro animal. Algunas águilas varían su dieta alimenticia, que puede incluir desde animales pequeños, como cervatillos, hasta roedores y peces. Al localizar su presa con certera puntería se lanza en picada, desplazándose a más de doscientos kilómetros por hora. A tal velocidad toma por sorpresa a su presa. Por eso es conocida como ave de presa, porque atrapa presas vivas.

Charles R. Swindoll al hablar de la visión del águila dice: «Cuando hablo de visión, pienso en la capacidad de ver más allá que la mayoría. Nuevamente me recuerda al águila, que tiene ocho veces más células visuales por centímetro cúbico que el ojo humano. Eso se traduce en aptitudes asombrosas. Por ejemplo, volando a una altura de 183 metros, un aguila puede ver un objeto del tamaño de una moneda de diez centavos moverse entre la hierba de quince centímetros de alto. La misma criatura puede ver saltar en un lago a un pez de siete centímetros y medio a ocho kilómetros de distancia. Las personas que son como las águilas pueden ver lo que la mayoría se pierde» (*Cómo vivir sobre el nivel de la mediocridad*. Editorial Vida, 1990, p. 87).

Los creyentes-águilas no miran los problemas, ven las soluciones. No temen arriesgarse en actualizar su visión. La mayoría de visionarios fracasan muchas veces, enfrentan mucha oposición y mucha resistencia, son malinterpretados, los critican con mucha frecuencia; pero no ceden y proceden conforme a su visión. Su visión es mayor que los obstáculos, que los fracasos; en vez de rendirse creen siempre en darse una nueva oportunidad.

Cuando no puedas conquistar la montaña, rodéala y si no puedes rodearla, hazle un túnel y atraviésala. A los visionarios sólo les interesa actualizar la visión.

Los creyentes-águilas enfocan su visión para ver aquello que es necesario que vean, y no desvían su visión de los objetivos claros y precisos. Saben lo que quieren y saben a dónde quieren llegar. Son persistentes en alcanzar sus metas. Su meta está definida por el alcance de su visión. No se entretienen con lo que no es importante, sino en lo que su visión le dice que es de interés.

II. El águila no pierde de vista su objetivo

Desde su nido a gran altura vigila su territorio y volando a mucha altitud trata de localizar a su presa. Es muy observadora. Los creyentes-águilas lo observan todo, lo calculan todo y se disponen a todo. Nunca pierden oportunidades. Cuando éstas se le presentan, las aprovechan.

El águila se mueve siempre con un sentido de dirección, sabe lo que quiere y sabe a dónde va. Sin objetivos no se alcanzan metas. En la búsqueda del éxito, los que son águilas no improvisan las oportunidades, las agarran y las planiflcan. Esforcémonos por lograr el éxito y el éxito será nuestra recompensa.

Como creyentes-águilas visualizaremos, observaremos, planiflicaremos y ejecutaremos. No podemos ser visionarios a corta distancia, tenemos que ver lo que otros no ven estando cerca de nosotros.

El visionario ve lo que tiene importancia, lo que vale la pena, lo que significa mucho. Es un buscador de oportunidades. Hombres y mujeres visionarias son las que el Señor Jesucristo quiere utilizar. Los visionarios cambian las circunstancias y éstas no los cambian a ellos. Son amos del tiempo y no esclavos del mismo.

Dice la Biblia: «Pero el hombre natural no percibe las cosas que son del Espíritu de Dios, porque para él son locura, y no las puede entender, porque se han de discernir espiritualmente» (1 Corintios 2:14).

Josué y Caleb eran dos creyentes con visión de águilas. Formaron parte del grupo doce espías que Moisés envió a inspeccionar la tierra prometida y a traer un informe sobre las condiciones que allí prevalecían (Números 13:16–20). Esta comisión tendría que pesentar el informe a toda la asamblea de Israel. De ellos dependería si se conquistaba o no, si se continuaba con los planes de avance o si se desistiría de los mismos. Ellos serían los ojos y los oídos del pueblo en su misión. A su regreso, la gran mayoría de los doce, en este caso diez miembros de la comisión, rindieron su informe, por cierto desfavorable y negativo. Su recomendación fue que no se realizara la conquista. Que se quitaran de la mente esa meta. Su resolución sería algo así:

Por cuanto, «vimos allí gigantes, hijos de Anac, raza de los gigantes» (Números 13:33).

Por cuanto, «éramos nosotros, a nuestro parecer, como langostas; y así les parecíamos a ellos» (Números 13:33).

Por cuanto, «aquel pueblo, es más fuerte que nosotros» (Números 13:31).

Resuélvase, «no podremos subir contra aquel pueblo» (Números 13:31).

Notemos esas dos expresiones: 'a nuestro parecer' (lo que ellos opinaban de sí mismos), 'y así les parecíamos a ellos' (lo que ellos pensaban que otros opinaban de ellos). Ellos tenían una baja estima de sí mismos y la reflejaban expresando una subestimación de cómo los percibían otros. Cómo nosotros nos veamos determinará cómo otros nos vean.

Tú y yo llegamos a ser lo que pensamos que somos. Si nos creemos *gallinas* y comenzamos a actuar como *gallinas,* eso seremos, gallinas. Si nos vemos como *águilas* y comenzamos a actuar como *águilas,* el mundo verá que somos *águilas;* y nos tendrán que tratar como *águilas. Tú y yo somos águilas y no gallinas.*

Josué y Caleb, aunque se juntaron con gallinas, estuvieron en un corral con gallinas y las escucharon cacarear; se negaron a transformarse en gallinas. Buscaron las alturas y se manejaron como águilas. Tenían mentalidad de águilas y no de gallinas. Les gustaban los nidos altos y no los nidos bajos de las gallinas. Volaban como águilas y no volaban como gallinas. Se sentían águilas y no se sentían gallinas.

Los creyentes-águilas nunca permiten que la mayoría los amedrante. Su visión es positiva. Son decididos y se autodestinan para triunfar. Las gallinas no tienen metas, las águilas creen en metas.

Las águilas Josué y Caleb respondieron: «Subamos luego, y tomemos posesión de ella; porque más podremos nosotros que ellos» (Números 13:30). A esas águilas les gustaban las alturas, «subamos luego».

A pesar del tamaño y la fuerza del águila, muchas aves pequeñas, como halcones y cuervos, las molestan. ¿Sabe lo que hace el águila? Se remonta a las alturas y allá arriba, a tres mil metros de altitud, nada la puede perturbar.

A esas águilas les gustaba tener territorio, 'y tomemos posesión de ella'. El águila en pareja tiene un territorio de diez mil kilómetros cuadrados. Ese es su territorio y otras águilas se lo tienen que respetar; aunque pueden cazar en el mismo, no pueden vivir en él.

A esas águilas les gustaba reconocer su fuerza, 'porque más podremos nosotros que ellos'. El águila es un ave de gran tamaño, que puede medir casi un metro de alto, pesar hasta siete kilos y tener una extensión de sus alas abiertas hasta de dos metros y medio. Sus garras y espolones son fuertes; con ellos atrapa a su presa. La parte aspera de sus espolones le permite agarrar a los resbaladizos peces. Es tanta la fuerza que el águila tiene en sus patas y en sus alas, que puede levantar el doble de su peso y llevarlo hasta su nido que puede estar a más de tres mil metros de altura.

La gente de mentalidad de gallina *cacarea* diciendo: «no podremos». Las águilas declaran: «porque más podremos nosotros que ellos».

La gente de mentalidad de gallina se ven siempre pequeños. Escuchemos a esas diez gallinas *cacareando:* «y éramos nosotros, a nuestro parecer, como langostas; y así les parecíamos a ellos» (Números 13:33). En su corazón y en su mente se veían pequeños; por lo tanto, le decían a los demás que los vieran como ellos se veían a sí mismos.

Los creyentes-águilas creen en objetivos que pueden ser alcanzados a corto y a largo plazo. Todo tiene que estar bien calculado. Nuestras energías tienen que enfocarse en objetivos definidos y establecidos.

Dice la Biblia: «Sin profecía el pueblo se desenfrena . . .» (Proverbios 29:18). También pudiera traducirse: 'Sin visión la gente fracasa'.

III. El águila ve lo que tiene vida

El águila no se alimenta de carroña o de animales muertos. Busca presas con vida. Su visión ve y busca lo que está vivo. Por el contrario, los buitres buscan lo que está muerto, putrefacto, que huele mal.

Dice la Biblia: «Porque dondequiera que estuviere el cuerpo muerto, allí se juntarán las águilas» (Mateo 24:28). Jesús alude aquí a las aves de rapiña, para indicar la mortandad que le sobrevendría a Jerusalén. Desde luego, en este pasaje por águilas debe entenderse los *buitres*. En tiempos antiguos no se distinguía mucho entre las diferentes aves de rapiña y se incluía a muchas otras bajo el término de águilas.

El creyente-águila no pierde el tiempo arrojándose en picada sobre desperdicios y cosas muertas. No se ensucia el pico con lo que no le alimenta su sistema espiritual. Lo que hiede y está corrompido, lo elude.

La gallina come cualquier cosa. No es de extrañar ver a un grupo de gallinas peleando por un gusano o por una cucaracha o por una lagartija.

El águila cuida su dieta alimenticia. Ella sabe que cómo coma y lo que coma determinará las fuerzas que tendrá. El creyente-águila se alimenta bien:

«Porque la palabra de Dios es viva y eficaz, y más cortante que toda espada de dos filos; y penetra hasta partir el alma y el espíritu, las coyunturas y los tuétanos, y discierne los pensamientos y las intenciones del corazón» (Hebreos 4:12).

«El espíritu es el que da vida; la carne para nada aprovecha; las palabras que yo os he hablado son espíritu y son vida» (Juan 6:63).

La visión del águila no es para ver gusanos; con su visión ve conejos, cervatillos, ardillas y sobre todo peces. Al creyente-águila le interesa la vida y quiere cazar lo que se mueve, lo que tiene vida, lo que es importante para su visión y para su naturaleza espiritual.

El creyente-águila sube primero a las alturas, para desde allí tener una visión celestial de lo que quiere alcanzar. Cuanto más se asciende en la vida espiritual, mayor será la visión de Dios en nuestra vida y ministerio.

8

DATOS ACERCA DEL ÁGUILA

- *El águila calva* es el ave nacional de los Estados Unidos de América y el *águila dorada* es el ave nacional de México.
- Los huevos puestos por la hembra (de uno a cuatro) se incuban durante 40 a 45 días, y pueden participar ambos padres.
- El águila llega a adulta a los siete años de edad.
- El *águila calva* y el *águila dorada* pueden medir hasta casi un metro de altura.
- El águila podría llegar a pesar hasta 14 kilogramos, pero su peso promedio fluctúa entre cuatro y siete kilos.
- A un águila le puede tomar entre 120 a 130 días para volar en los aires; y entre 65 a 75 días para volar fuera del nido.
- El aguilucho después de su primer vuelo tiene que aprender a despedazar la presa que le traen sus padres.
- El aguilucho no abandona el nido de sus padres por la agresión de éstos, sino por su propia voluntad.
- El aguilucho después de su primer vuelo necesita de tres a ocho semanas para su recuperación; y permanece cerca del nido por semanas o meses.
- El águila mata por necesidad y puede alimentarse para varios días.
- Las águilas son monógamas, y sólo la muerte de su pareja los lleva a tomar una nueva pareja.
- El águila en picada puede alcanzar los 320 kilómetros por hora.
- Al extender sus alas el águila puede tener entre 1.80 y 2.5 metros.
- El águila posee doble párpado. Su segundo párpado la protege del sol y de los picos de los aguiluchos.

- Los ojos del águila son grandes para su área craneal, y le limitan su visión lateral. Compensa esta limitación moviendo continuamente su cabeza.
- La visión del águila es monocular y binocular; por esto puede ver a un conejo a un kilómetro y medio de distancia desde el aire.
- El águila construye su nido en peñas o en gigantescos árboles. Lo puede construir a una altura de 1800 a 3000 metros de altura.
- El águila vuela a 1800 metros de altura, recorre hasta 16 kilómetros diarios, y vuela de cuatro a seis horas diarias.
- El águila puede vivir en cautiverio hasta los 40 años y en libertad hasta los 20 años. Sus principales enemigos son los pesticidas y el hombre.
- En un área de ocho a nueve kilómetros cuadrados, vive una pareja de águilas. Ese es su territorio que protege y defiende. Aunque le permite a otras águilas cazar, no les permite tener su nido en el mismo.
- El esqueleto del águila pesa menos de media libra. Los huesos de las alas son huecos, pero sus alas son más fuertes que las de un avión.
- Los aguiluchos no desarrollan el color adulto hasta después de los dos años de edad.
- A un aguilucho le toma quince horas para hacer su primer agujero en el cascarón.
- El nido más grande de águila que se haya podido medir tenía 6 metros de profundidad y 3 de circunferencia.
- El águila puede tener más de un nido, pero se limitará al uso de uno por temporada. Muchos nidos los pueden utilizar a veces hasta por siglos águilas que los encuentran desocupados.
- Cada año el águila renueva su nido añadiéndole nuevo material.
- Por las mañanas y por las noches el águila se limpia el plumaje y de su pico expulsa un líquido hormonal para aislarse. También, expulsa de su sistema la materia fecal y vomita en bolitas el alimerito que no ha digerido. De esta manera se prepara para volar.
- La hembra águila es más grande que el macho. Esa diferencia le permite a ésta cazar presas de mayor peso, y así poder compartir su alimento con los aguiluchos.

- El águila puede atrapar una presa hasta el doble de su peso y la sube hasta el nido para comérsela.
- A pesar de su tamaño, el 'rey de los aires', la 'reina de las aves' y el 'amo del cielo', puede ser molestado por halcones y otras aves. Cuando esto sucede el águila resuelve su problema volando alto, donde no se le puede molestar.
- Aunque el águila puede mojar sus patas al ponerlas sobre rocas en los ríos o lagos, se cuida de no mojar su plumaje.
- Con sus alas extendidas los padres protegen a los aguiluchos de tormentas, nevadas, vientos fuertes y lluvias cuando están dentro del nido.
- Al *águila calva* le fascina comer salmón o pescado, aunque también se alimenta de pequeños mamíferos.
- En el nido del *águila calva* el pájaro *oriole* de Baltimore y el *English sparrow,* pueden hacer su nido sin ser molestados por ésta.
- Los aguiluchos pueden estarse en el nido de 50 a 100 días.
- La serpiente puede subir hasta el nido del águila para comerse los huevos o comerse a los recién nacidos aguiluchos.
- Un aguilucho rompe el cascarón 24 horas antes que el otro. Por eso uno se verá más grande.
- El águila mata con las garras llamadas espolones y despedaza con el pico.
- En la crianza, instrucción y protección de los aguiluchos participan ambos padres.
- El águila es un ave diurna que descansa por las noches.
- En los aires el águila con sus alas extendidas planea para no cansarse.
- Las casi 50 especies de águilas habitan el mundo entero, con la excepción de Antártida y Nueva Zelandia.
- El águila tiene un olfato pobre, pero una visión de largo alcance y un oído muy agudo.
- Un águila en picada a 350 kilómetros por hora puede causar un impacto como de bala.
- El *águila dorada* es la más rápida de todas; en vuelo alcanza una velocidad promedio de 320 kilómetros.
- *Las águilas calvas* se reúnen anualmente en bandadas en las riberas de los ríos principales en Alaska, donde la caza de salmones se les hace muy fácil.
- El *águila calva* no toma su plumaje blanco en la cabeza hasta

que no alcanza su pleno desarrollo entre los cuatro a cinco años de edad.

- El *águila calva* puede pesar entre 3.5 y 6 kilogramos, tener una extensión de sus alas abiertas de hasta 2.10 metros, y medir entre 75 y 90 centímetros de largo.

- El *águila calva* prefiere hacer su nido en árboles altos; por el contrario, el *águila dorada* o *real* prefiere hacer su nido en las hendiduras de las altas peñas.

- Al *águila dorada* le gusta comer conejos, ardillas y carrión. Ocasionalmente puede comer cervatillos muertos, pero prefiere la presa viva.

- La expresión de Mateo 24–28 que dice: «Porque dondequiera que estuviese el cuerpo muerto, allí se juntarán las águilas», debe interpretarse en el contexto de la época. El griego dice *aetoi* del griego *aetos* (águila). La versión interlineal en griego y español de Francisco Lacueva traduce *aetoi* como 'buitres'. Para el mundo greco-romano toda ave de rapiña era clasificada como *aetos* o 'águila'.